Alliance de Base pour l'Action Commune
(ABACO)

LES 10 PROPOSITIONS POUR LA RÉPUBLIQUE DÉMOCRATIQUE DU CONGO

Alliance de Base pour l'Action Commune
(ABACO)

LES 10 PROPOSITIONS POUR LA RÉPUBLIQUE DÉMOCRATIQUE DU CONGO

Collection Démocratie & Militantisme

L'Atelier de l'Égrégore

DANGER
LE
PHOTOCOPILLAGE
TUE LE LIVRE

« *Avant toute chose, je voudrais exprimer ici une émotion, la reconnaissance que nous ressentons envers tous ces artisans obscurs ou héroïques de l'émancipation nationale, à tous ceux qui, partout sur notre immense territoire, ont donné sans compter leurs forces, leurs privations, leurs souffrances et même leur vie pour que se réalise enfin leur rêve audacieux d'un Congo libre et indépendant. [...] Mais [...] c'est à nous désormais à prendre le relais et à rassembler les matériaux de notre unité nationale, à construire notre nation dans l'union et dans la solidarité.* »
Extrait du Discours proclamant la naissance de la République Démocratique du Congo, prononcé à Léopoldville le 30 juin 1960 par Joseph Kasa-Vubu.

« *Encore faut-il que l'effort commun soit guidé par un État qui soit bâti sur autre chose que sur nos divisions, par un État dont les pouvoirs – exécutif et législatif – sortent directement du peuple, afin d'être chacun, séparément et réellement, responsable, par un État assez fort pour imposer à chaque individu, qu'il soit grand ou qu'il soit petit, et à chaque catégorie, qu'elle soit faible ou qu'elle soit puissante, l'accomplissement de ses devoirs, par un État assez impartial, pour ne consolider que l'intérêt commun, par un État assez stable, pour mener à bien, à travers toutes les vicissitudes, une tâche à très longue portée.* »
Charles De Gaulle, Discours prononcé à Lille le 29 juin 1947, in *Discours et Messages*, tome II, p. 88.

« *La démocratie n'est l'apanage de personne. Mais elle est le passage obligé de tout rassemblement.* »
François Mitterrand, *Entretien L'Événement du Jeudi, 5 mai 1988.*

Au peuple congolais, de l'intérieur et de la diaspora.

À nos compatriotes assassinés du simple fait d'être nés Congolais.

À nos mamans, nos femmes et nos filles violées tout simplement pour nous humilier et nous détruire mentalement.

Avant-propos

La République Démocratique du Congo est un géant au cœur de l'Afrique. C'est une incontournable puissance économique aussi bien dans la sous-région qu'à l'échelle continentale. Sa dimension planétaire est tout à fait incontestable.

Sur le plan démographique, notre pays se situe entre le 18ème et le 20ème rang mondial. Aux plus ou moins 70 millions d'habitants qui constituent la population congolaise, il faudrait ajouter presque 10 millions de nos compatriotes de l'étranger, qui sont composés en majorité de personnes âgées de moins de 20 ans. Rappelons que les Congolais de la diaspora représentent, du point de vue économique, un grand marché domestique et un potentiel non négligeable pour la reconstruction nationale. En outre, notre pays est le 12ème État au monde en termes de superficie, avec 2 345 409 km^2, soit quatre à cinq fois la France et à peu près quatre-vingts fois la Belgique !

L'ensemble du territoire congolais dispose d'innombrables matières premières que l'on ne cite plus, au point d'inciter certains experts à utiliser l'expression d'anomalie géologique. Son fleuve majestueux et ses nombreux affluents dotent notre pays des potentialités immenses sur le plan de l'hydro-électricité. Au-delà de la dotation naturelle exceptionnelle, sa position géostratégique doit en principe faire de notre pays *le poumon économique* du continent et *le centre d'impulsion de l'économie sous-régionale.*

Même avec ses potentiels énormes, la République Démocratique du Congo reste de nos jours un géant aux pieds d'argile, une puissance virtuelle qui ne cesse de se chercher et qui peine à décoller. Notre pays est une puissance très malade à cause de l'incapacité de ses dirigeants et de son élite à impulser une nouvelle dynamique. Les causes de cette défaillance sont connues du commun des mortels. Le processus de normalisation et les prémices de l'État de droit pouvant aider, il est temps que les Congolais s'associent aux forces du progrès en vue de l'édification du *Congo du troisième millénaire.*

À cet effet, l'ABACO soumet à l'appréciation des Congolais ses idées fondamentales pour un échange fructueux sur le devenir de la République Démocratique du Congo. L'objectif de cette démarche consiste à ce que les forces vives de la Nation puissent contribuer – à travers leurs remarques, leurs apports et leurs suggestions – au projet de société final que la Direction de l'ABACO présentera le moment venu.

L'ABACO souhaite offrir à nos compatriotes l'opportunité de reconquérir par le travail et l'intelligence, la solidarité et la fraternité, la tolérance et la justice, le dialogue et la cohésion nationale, une dignité qui fait la fierté et la grandeur des peuples libres et généreux, créatifs et industrieux.

Par sa vision sociale-démocrate, cet avant-projet brosse les contours d'un futur programme politique qui ouvrira au peuple congolais les portes closes du progrès social constituant, à leurs yeux, un rêve lointain. Aussi a-t-il la prétention *de renouer nos compatriotes avec le développement social et économique, la sécurité et la paix.* Il est donc question des propositions concrètes ayant vocation à transformer notre communauté nationale en un État démocratique et républicain, respectueux des droits fondamentaux de la personne. De plus, l'ABACO tient à faire de la République Démocratique du Congo *un État de droit, une collectivité publique dynamique et prospère,* digne de vivre dans le XXIᵉ siècle ambiant.

Dans l'absolu, l'ABACO axe ses dix propositions sur des valeurs relatives au triptyque – *Dieu, les Ancêtres et le Peuple* – susceptible d'asseoir une politique humaniste en vue de la Liberté, de l'Égalité, de la Sécurité et de la Paix.

La *Liberté*, parce que l'ABACO souhaite la plénitude de la vie dont doit jouir le citoyen congolais. C'est la souveraineté dont doit bénéficier le peuple pour choisir ses représentants ou ses dirigeants. C'est l'indépendance de la Nation dans la détermination de son avenir politique.

L'*Égalité*, parce que l'ABACO milite davantage pour que les Congolais vivent dans une société qui doit donner à ses enfants les chances similaires, les opportunités identiques pour bâtir la collectivité et défendre la Nation. Cette dignité doit être apportée par les pouvoirs publics dans la vie quotidienne de chaque citoyen, pour que ce dernier soit épanoui.

La *Sécurité*, parce que l'ABACO tient à la protection des droits de l'individu et de la collectivité, à l'harmonisation des droits individuels et des libertés publiques en vue de garantir la paix, à la concorde et à l'unité politique de la Nation. La justice doit en principe protéger les plus faibles contre le pouvoir de l'État et de l'administration publique.

La *Prospérité*, parce que l'ABACO compte sur la meilleure gestion des ressources abondantes de la collectivité publique, celles-ci devant être mises à la disposition des citoyens pour assurer le succès et le rayonnement, la puissance matérielle et la souveraineté politique, le confort social et l'épanouissement économique des populations.

L'ABACO tient beaucoup à la recherche de la Paix et de la Solidarité, de la Justice et de la Liberté pour que le peuple congolais aspire à la vraie joie de vivre et au bonheur collectif. Bonheur que nous souhaitons, fraternellement et de tout cœur, à nos compatriotes dont les espoirs légitimes et les attentes primordiales sont à maintes reprises déçus, voire hypothéqués, par des marchands d'illusion. Mais cela ne sera possible que grâce à *une politique audacieuse, couronnée d'une diplomatie intelligente, ayant pour objectifs la croissance économique, l'évolution sociale, l'innovation politique et la paix.*

En d'autres termes, par essence, l'ABACO œuvre en faveur d'une politique ayant pour objectifs *la croissance économique, l'évolution sociale, l'innovation politique et la paix.*

C'est donc un pacte républicain, c'est-à-dire un contrat social, que l'ABACO propose à nos compatriotes en les invitant à joindre leurs efforts à son patriotique combat qui consiste à faire de la République Démocratique du Congo, comme le prescrit notre Hymne national, *un pays plus beau qu'avant dans la paix.*

I - L'éducation,
la formation et l'enseignement supérieur

L'indépendance réelle de notre pays ne sera possible que grâce à un système éducatif axé sur *la conscientisation* des populations. À cet effet, l'ABACO juge nécessaire :
- de donner l'opportunité à tous les enfants de la République de se former pour bénéficier un jour d'un métier ;
- d'adapter l'enseignement à la fois aux réalités du moment et aux besoins de chaque secteur, en encourageant l'enseignement professionnel ;
- de recourir aux nouvelles technologies pour lutter en toute efficacité contre l'analphabétisme et la fracture numérique ;
- de promouvoir des systèmes performants par l'apprentissage des langues et des mathématiques à l'école primaire ;
- d'appuyer le diagnostic scientifique pour l'enseignement supérieur qui pourra servir de source de documentation aux universitaires et permettre aux étudiants en cycle de médecine, ainsi que de l'école infirmière, de disposer d'un outil d'étude et de travail.

1.1 - L'école primaire obligatoire

Sous l'impulsion de l'ABACO, le gouvernement développera un partenariat avec les institutions internationales et
les pouvoirs publics afin de créer des passerelles en vue des
soutiens matériels aux écoles publiques. Ce partenariat sera
également élargi aux établissements privés identifiés comme
« *écoles publiques* ». Ceux-ci s'engageront à scolariser les
enfants soit gratuitement, soit moyennant un coût symbo-
lique. Cela aboutira à la présentation *d'un projet de loi insti-
tuant la gratuité de l'école sur l'ensemble du territoire national*. Le gouvernement abaquiste et allié fixera les modalités
du financement de cette initiative.

En matière d'éducation pour tous, l'objectif de l'ABACO
et de ses alliés consistera en la gratuité des frais scolaires,
sans aucune discrimination territoriale, pour rendre l'école
primaire obligatoire. Ainsi l'éducation pour tous deviendra-t-
elle à la fois *une priorité et une réalité*, la finalité étant de
combattre aussi le phénomène des enfants de rue.

1.2 - La formation initiale

L'éducation pour tous sera appuyée par les nouvelles technologies de l'information et de la communication (NTIC),
comme *backbone*[1] pour le partage des connaissances, ainsi
que par le développement de la fibre optique à travers le
pays. Nous créerons et renforcerons des centres de formation

---

[1] À savoir un réseau informatique faisant partie des réseaux longue distance de
plus haut débit d'Internet.

pour les cadres de l'administration nationale, provinciale et locale. Nous mettrons aussi en place des centres d'apprentissage, de formation professionnelle et technique. L'ABACO et ses alliés bâtiront un pays au sein duquel *la formation initiale garantira un niveau éducatif élevé et une autonomie personnelle que confortera l'ambition du plein-emploi et de la croissance.*

L'ABACO et ses alliés lutteront contre les phénomènes socio-culturels d'exclusion, d'analphabétisme et de décrochage scolaire. Le budget de l'Éducation nationale englobera 11,3 % des 13,12 milliards USD du budget pour l'exercice 2017 afin *de revaloriser l'école et l'enseignement.* Cela permettra à nos compatriotes d'être mieux outillés, d'affronter aisément les grands défis du XXIe siècle dans le cadre de la mondialisation marchande.

1.3 - L'enseignement supérieur et universitaire

Notre système éducatif sera repensé pour former l'élite de demain, en fonction de besoins du pays.

Notre gouvernement ancrera à cet effet le système de l'enseignement supérieur aux standards internationaux, en insistant sur les programmes d'échanges inter-universitaires avec des facultés étrangères à l'aide du réseau de l'Agence Universitaire de la Francophonie (AUF). Il renforcera les relations avec les universités du réseau anglo-saxon englobant le Royaume Uni, les États Unis et les pays scandinaves, pour des apports pragmatiques dans le cadre de la Public Policy. De ce fait, le gouvernement abaquiste et alliés initiera *une réforme de l'enseignement supérieur et universitaire qui mettra l'accent sur l'entrepreneuriat.*

1.4 - La recherche et le développement

Le secteur de la recherche et du développement permettra aux entreprises, aux universités et aux instituts supérieurs d'unir leurs efforts pour répondre aux besoins essentiels de la société. Par notre volonté, l'État favorisera cette collaboration, bénéfique à la collectivité publique, par des incitatives mesures financières. Le volet relatif à la recherche et au développement ciblera les secteurs agricole, sanitaire, mécanique et technologique.

Ayant à l'esprit le fait que l'autonomie de notre peuple sera surtout fonction du savoir-faire, l'ABACO et ses alliés développeront un partenariat avec les institutions éducatives et les centres de recherches locaux (CRL) pour que le transfert des compétences – techniques et technologiques – soit durable et aide non seulement à la construction de notre système éducatif, mais aussi joue un rôle d'appui à la recherche et au développement (R&D) au niveau local.

Enfin, les universités congolaises seront réorganisées en des unités d'enseignement et de recherche (UER), également en des unités de formation et de recherche (UFR), pour mieux renforcer leur rôle pédagogique et confirmer leur utilité au profit de la société.

II - La santé publique

L'ABACO estime que le prix des hôpitaux et établissements publics divers doit être fixé par la Loi en fonction des besoins et des ressources des populations, sans aucune recherche de bénéfice commercial. *Il faudra rendre obligatoire la prise en charge du risque maladie afin d'instaurer l'égalité dans l'accès aux soins et de faire de l'hôpital public le cœur du système de santé.*

2.1 - Une politique sanitaire préventive

Nous accorderons la priorité, sur la base d'un programme innovant et des politiques humanistes, aux *actions de prévention*. Nous réformerons aussi en profondeur l'infrastructure du système de santé publique et *ouvrirons des négociations, en vue de l'équilibre, qui porteront sur l'offre des soins dans les secteurs publics, ainsi que dans les établissements privés, sur l'ensemble du territoire.* Enfin, nous résorberons le déficit structurel dans les hôpitaux et engagerons des procédures pour la construction des Centres Hospitaliers Universitaires (CHU).

2.2 - Les couvertures sociale et maladie

Par rapport aux réformes que nécessitera la contractualisation des personnes morales et physiques, l'ABACO renforcera un régime d'assurance sociale pour que les citoyens puissent bénéficier des allocations d'assurance chômage, ainsi que de diverses rentes et prestations sociales qui seront définies par une loi-cadre. Grâce *au régime universel d'assurance maladie[2], nos compatriotes auront accès aux soins dans tous les réseaux de santé publique.* Ainsi pourraient-ils jouir de quelques prestations, quant aux réseaux de la santé privée. Cette assurance – laquelle sera prise en charge par l'État, l'entreprise et les salariés – permettra aux Congolais de se soigner sans entrave administrative et sans barrière matérielle.

Dans l'optique d'un véritable dialogue social, nous recommanderons aux entreprises publiques et aux compagnies privées employant au moins cinquante salariés de disposer d'une petite infirmerie afin de procurer les premiers soins aux employés et des soins élémentaires aux membres directs de leurs familles, en contrepartie d'une assurance qui sera retenue à la source et définie par l'État.

2.3 - Les diverses assurances

Les réformes de l'ABACO nécessiteront la révision des

---

[2] L'assurance maladie sera constituée de trois principaux régimes : le régime général, le régime agricole et le régime social des indépendants. En parallèle, existeront aussi d'autres régimes spécifiques.

missions de la Société nationale d'assurance (SONAS) pour élargir ses activités au secteur privé et étendre ses prestations à d'autres domaines, comme l'habitat… Nous introduirons la Société nationale d'assurance automobile (SNAA), pour couvrir les accidents de la circulation routière, et le Fonds d'indemnisation des travailleurs (FIT) pour les accidents du travail. Quant aux actes terroristes et aux accidents impliquant les autres moyens de transport collectif – aérien, ferroviaire, lacustre, fluvial ou océanique –, ils relèveront du Fonds d'indemnisation des victimes et accidentés (FIVA).

Par souci de liberté d'entreprendre, l'ABACO encouragera la constitution de mutuelles privées pour subvenir aux besoins de prévoyance sociale de toute la population. Celles-ci offriront également des produits d'assurance en concertation avec des entreprises, des syndicats, pour les salariés et avec des académies[3] pour les étudiants.

----

[3] Universités et instituts supérieurs.

Joseph Kasa-Vubu

Edmond Nzeza-Nlandu

III - L'autosuffisance alimentaire

Le respect du vivant, la dignité humaine, l'équité, la solidarité, le partage des richesses, tant à l'égard des plus démunis qu'à l'attention des générations à venir, telles sont les valeurs que l'ABACO assume sans ambigüité. C'est un immense chantier et le courage politique consiste à trouver la force de s'y engager.

3.1 - Une politique agricole nationale

L'ABACO relancera et développera la culture vivrière en attribuant des espaces cultivables aux familles congolaises qui le souhaiteront, moyennant 1 franc congolais le mètre carré. L'ABACO encouragera donc la mise en place d'*un Programme d'économie solidaire favorable à la bio-culture*. Cela nécessitera la mise en place d'une Agence de Commercialisation des Produits Agricoles (ACPA) afin *d'assainir les prix des produits, l'objectif étant d'inciter les Congolais à faire de l'agriculture une profession, et de garantir des revenus assurés aux producteurs tout en adaptant l'offre à la demande.* L'ABACO satisfera les consommateurs, sans pour autant frustrer les producteurs agricoles.

Pour maximiser l'agriculture, la production locale sera destinée à la consommation nationale, ensuite seulement aux marchés de la sous-région dans le cadre des accords commerciaux qui seront conclus avec nos voisins. Quant à la production qui sera destinée à l'exportation, l'ABACO développera *une politique productiviste et mécanisée* : ce sera le cas pour l'agriculture intensive (le café, le cacao, le coton, la banane, le soja, le maïs…), l'élevage et la pêche (la pisciculture et/ou l'aquaculture). Pour ce faire, notre gouvernement subventionnera et soutiendra les agriculteurs afin *de dynamiser la production à l'aide d'un grand plan, ou d'une politique nationale agricole.* Nous ferons donc de l'agriculture l'une des « *causes nationales* ». S'agissant de la politique de développement que nous préconiserons dans l'espoir *de parvenir à l'autosuffisance alimentaire, l'agriculture fera partie intégrante des droits fondamentaux du peuple congolais.*

Nous mènerons donc *la bataille productiviste*, s'agissant de la production destinée à la consommation locale et de la production concernant l'exportation, sans pour autant porter atteinte à l'environnement.

Nous augmenterons la part du budget des secteurs agricole et rural – la finalité étant de répondre à court terme aux Objectifs du millénaire pour le développement (OMD).

L'ABACO créera aussi une Agence de Normalisation et de Qualité (ANQ) pour l'élaboration des normes, ainsi que pour l'évaluation de la conformité des produits et services. Ainsi notre pays sera-t-il muni d'un outil indispensable à la planification de son développement économique.

3.2 - L'artisanat, l'élevage, la pêche et la sylviculture

Notre gouvernement prendra des mesures économiques incitatives pour relancer l'élevage industriel dans le respect des normes internationalement préconisées. Notre objectif consistera à *répondre aux attentes alimentaires du pays, c'est-à-dire à l'autosuffisance alimentaire*. La politique de la pêche artisanale que nous mettrons en œuvre sera reconnue et valorisée par une loi relative à la gestion et à l'exploitation des fonds lacustres, fluviaux et océaniques pour mieux couvrir les besoins en alimentation des populations.

Quant à l'exploitation des forêts, elle sera assujettie à la protection de l'écosystème. Afin de lutter contre la déforestation, notre gouvernement optera pour *une politique de reboisement systématique et d'éducation des masses populaires en matière de conservation de la nature*. Sur le plan pharmaceutique, nous créerons un Office dont le principal objectif consistera à mener des recherches pour la découverte et la valorisation des plantes médicinales et aromatiques.

Daniel Kanza

Patrice Lumumba

Joseph Ileo

IV - La relance économique et la liberté d'entreprendre

Outre la fragilité des paramètres budgétaires, l'économie de notre pays reste très vulnérable face aux chocs extérieurs. Par conséquent, nous sommes contraints de trouver des voies et moyens qui puissent permettre l'épanouissement économique, facteur indispensable à la paix sociale et à l'évolution démocratique. Cela nécessitera de *l'audace, de l'innovation, de l'inventivité, du pragmatisme et une réelle volonté politique*. C'est ainsi que nous ferons émerger en République Démocratique du Congo *une classe sociale moyenne*.

4.1 - Canaliser les systèmes économiques

Sans vouloir paraître hostile à la liberté d'entreprendre, l'ABACO canalisera les systèmes économiques et les empêchera de dégénérer. Dans cette optique, nous proposerons :
- une réglementation unique sur le marché de l'emploi en vue de l'harmonisation des salaires dans les entreprises ;
- la simplification des procédures administratives pour la création des PME ;
- des mesures en faveur des Congolais de l'étranger, pour tout investissement dans le pays.

4.2 - Les transactions monétaires et l'inflation

Pour tout ce qui relève des transactions internes, nous maintiendrons le franc congolais comme monnaie d'échange et de cotation des valeurs. Sa gestion relèvera de la Banque centrale qui sera chargée de son émission et de sa conversion en monnaie étrangère. En matière d'import-export, notre pays libellera ses paiements en euro ou en dollar américain.

Concernant la maîtrise effective de l'inflation, notre gouvernement veillera à ce que, au-delà de l'emprise sur la masse monétaire et la circulation de la monnaie sur les marchés, la Banque centrale ait pour mission de stabiliser la valeur du franc congolais.

4.3 - Le Budget de l'État et les finances publiques

Avec notre gouvernement, le budget de l'État privilégiera *la croissance économique* et aura en outre pour mission *de participer à la stabilité sociale*. Nous préconiserons donc une politique fiscale innovante, capable d'attirer les investisseurs et de couvrir la dette publique interne. Notre politique fiscale constituera un palliatif à l'hyperinflation consécutive à la création des nouveaux billets de banque.

Nous engagerons des réformes appropriées et encouragerons des pratiques citoyennes pour que les finances publiques soient assainies. Notre politique sera fondée sur la rigueur en matière de gestion financière. Par conséquent, *la compression des dépenses publiques et la lutte contre les déficits publics* seront notre priorité fondamentale.

4.4 - Un Fonds de Développement du Congo, les ressources naturelles et minérales

Les ressources naturelles et minérales, stratégiques et précieuses étant devenues un facteur important de la criminalisation de l'économie congolaise, *nous attribuerons leur exploitation par voie de concession, cession ou capitalisation*. Un code légal pour une utilisation responsable et consciencieuse de ces ressources sera adopté par le Parlement.

Notre gouvernement créera ainsi un Fonds de Développement du Congo (FDC), en vue de l'exploitation de ces ressources. Celui-ci sera ouvert à des investisseurs publics, ou privés, dont les parts seront détenues sous forme d'actions et cotées en Bourse. Il sera alimenté par des capitaux nationaux, ou étrangers, en vue du développement culturel et économique de notre pays.

L'exploitation des ressources naturelles et minérales, stratégiques et précieuses de notre pays sera assujettie *au respect de l'environnement et des préoccupations sociales des populations environnantes*. Les entreprises, qui en auront l'exclusivité, seront tenues par un cahier des charges. Dans l'optique d'un nouveau partenariat préférentiel avec nos bailleurs habituels, nous allons non seulement améliorer le climat des affaires et promouvoir les investissements d'entreprises responsables, mais aussi lutter de manière efficace contre la corruption et les différents conflits en cours. Ainsi allons-nous encourager une surveillance publique et des pratiques commerciales en toute légalité.

4.5 - Les grands chantiers et les infrastructures

L'ABACO impulsera certainement le développement tous azimuts de notre pays, en garantissant l'essor économique et l'emploi. Raison pour laquelle l'action gouvernementale s'articulera autour de grands chantiers publics, ou travaux d'infrastructures.

L'ABACO va donc promouvoir un projet politique relatif aux « *Cent Glorieuses* » grâce :

– à la construction des infrastructures concernant l'agriculture, la pêche, l'élevage, la sylviculture et l'artisanat ;

– au soutien aux entreprises implantées sur le sol congolais, grâce à l'installation des Coopératives d'Utilisation de Matériels Agricoles (CUMA), en vue de l'usage en commun des équipements et de la formation dans les domaines afférents, et à *la création d'une banque agricole* dont la mission consistera à participer au développement agricole, à soutenir l'activité des petits et moyens exploitants, des grandes firmes et aussi de tout ce qui s'articule autour de l'agro-industrie ;

– aux mesures économiques incitatives pour relancer l'élevage industriel ;

– à une Institution d'aide et de gestion des petites et moyennes entreprises (IAGPME), au développement des Pôles de Croissance Industrielle (PCI), aux Zones d'Activités Commerciales et Industrielles (ZACI) et aux Zones d'Activités Économique (ZAE) ;

– à la dynamisation du Conseil économique et social (CES), ainsi qu'à la création d'un organisme gouvernemental de

droit public appelé Agence Nationale de Développement Économique et Social (ANDES) pour conseiller efficacement le gouvernement en matière de développement social et économique ;
– à la création de l'Agence Congo Trésor (ACT) pour une meilleure gestion de la dette publique, ainsi qu'à un Observatoire des Prix et de la Consommation (OPC) en complémentarité (ou en corrélation) du Bureau d'Études Ouvrières (BEO) pour calculer l'évolution de prix des produits réellement consommés et veiller ainsi à la maîtrise de l'inflation.

4.6 - Les voies et les moyens de communication

Nous mènerons une politique novatrice à propos des infrastructures routières et ferroviaires. En parallèle, nous transformerons le fleuve Congo en une autoroute fluviale et nous valoriserons tous ses affluents. Ainsi permettrons-nous l'acheminement des vivres dans des délais convenables. Avec notre gouvernement, l'État et l'ensemble de la puissance publique élaboreront, sur les plans national et local, des projets publics en matière de transports dans le cadre des déplacements urbain, provincial, régional, inter-régional et national. Enfin, notre gouvernement proposera une nouvelle réglementation de l'État qui visera les moyens de transport des masses dans les domaines ferroviaire, aérien, routier, fluvial et maritime.

Nous prévoyons, pour la période allant de 2016 à 2031, la réhabilitation et l'électrification de 2 500 km de voies ferrées de la Société nationale des chemins de fer congolais (SNCC), la construction de 500 km de voies routières, la formation des équipes et des techniciens locaux dans le domaine du génie civil, l'achat des matériels roulants pour les transports des voyageurs et des marchandises. L'engagement du gouvernement en termes financiers sera de 32 000 milliards CDF, soit 35 milliards USD sur 15 ans.

Nous établirons, bien entendu, une réglementation adaptée et améliorerons le système de supervision de sécurité aérienne. De ce fait, tous les appareils volants seront viables.

Compte tenu du rôle primordial des télécommunications dans le développement humain durable, *notre gouvernement réinstallera le service postal dans toutes les villes du pays*. Il développera aussi les services téléphoniques, ainsi que les nouvelles technologies de l'information et de la communication. Par ce biais, nous accélérerons le développement économique, social et culturel du pays et, surtout, assurerons son insertion dans la société de l'information et du savoir.

Même si la libre-concurrence orientera le marché des télécommunications, et même si nous laisserons aux opérateurs nationaux l'initiative de proposer en toute loyauté les règles du jeu, le gouvernement veillera à la protection des intérêts fondamentaux des citoyens.

Sous notre gouvernance, les services postaux seront dynamisés. Outre la distribution du courrier et l'émission des timbres, nous développerons d'autres produits afin de financer les infrastructures. Pour suppléer l'activité bancaire et mieux desservir tout le territoire national en matière financière, *un service de Comptes chèques postaux (CCP) sera institué et géré par l'administration postale de l'État.*

4.7 - Les apports extérieurs

Nous attirerons les investisseurs étrangers grâce à des mesures attractives et incitatives. Sachant que l'autonomie de notre peuple sera également fonction du savoir-faire, *nous conditionnerons aussi tout contrat avec nos partenaires étrangers au transfert de techniques et de technologie, ainsi qu'à l'usage de la main-d'œuvre locale.*

Nous rendrons davantage performant le ministère des Congolais de la diaspora, en renforçant ses attributions. Dans cette optique, nous créerons un Conseil représentatif des Congolais de l'extérieur (CRCE) pour élaborer des projets économiques novateurs en faveur des Congolais de l'étranger, émettre des avis sur les politiques publiques en matière de coopération internationale et bilatérale dans les pays de résidence, apporter au gouvernement l'expertise nécessaire, répertorier et coordonner les projets sur l'investissement des Congolais de la diaspora.

4.8 - Garantir les investissements

Sachant l'importance des firmes multinationales dans la promotion d'investissements directs et dans la création d'emplois, nous réformerons le droit commercial par l'assouplissement des formalités et procédures relatives à l'enregistrement de nouvelles compagnies commerciales. Nous renforcerons aussi *la sécurité juridique et territo-*

riale, l'objectif étant d'apporter aux investisseurs *une garantie de non-risque*.

4.9 - La mondialisation et le libre-échange

Face à la mondialisation de plus en plus galopante, *nous renforcerons la coopération et l'intégration économique régionale ainsi que le partenariat avec les institutions économiques internationales*. Cela permettra à notre pays d'accéder aux marchés des capitaux financiers, d'obtenir le financement des investissements prioritaires, de promouvoir le commerce international en vue du progrès économique. Pour toutes ces raisons, nous intégrerons dans nos plans d'actions des dispositifs du programme du Nouveau partenariat pour le développement de l'Afrique (Nepad).

Nous ajusterons donc nos lois économiques et sociales au contexte de la mondialisation marchande et du libre-échange économique international pour que notre pays figure parmi les plus compétitifs et les plus performants. Néanmoins, *l'État définira les règles et exigera leur stricte application*. Ainsi assurerons-nous le meilleur apport du « *libre-échangisme conditionnel* », dans un État capable de faire respecter les règles préalablement établies, et de consolider l'épanouissement quotidien de ses citoyens. Notre gouvernement saura appréhender la mondialisation.

V - Les libertés et les droits fondamentaux

La dignité de la personne n'est pas seulement un droit élémentaire en soi, mais elle constitue surtout la base même des droits fondamentaux. Le peuple congolais partage ces valeurs avec les Occidentaux.

5.1 - L'égalité entre les citoyens

L'ABACO milite sans arrêt, entre autres, pour l'égalité des conditions et des droits entre les êtres humains. Ainsi condamnera-t-elle avec fermeté tout traitement humiliant à l'encontre de la femme congolaise et de l'enfant. *Nous encouragerons l'accès des Congolaises à la gestion de la chose publique, ainsi que leur implication dans l'élaboration des programmes économiques et de développement.*

L'ABACO dotera également les citoyens des moyens dans le cadre des réseaux de solidarité et d'intégration socio-économique. À cet effet, nous proposerons la mise en place d'un Observatoire des politiques du handicap (OPH), l'objectif étant l'insertion des personnes handicapées, leur accès aux traitements médicaux appropriés ainsi qu'aux équipements matériels nécessaires à leur quotidienneté. Pour réaffirmer le caractère universel, indivisible, interdépendant et indissociable de tous les droits de l'Homme et de toutes les libertés fondamentales, ainsi que la nécessité de lutter contre toutes les discriminations, l'ABACO sera favorable à la signature de *la Convention des Nations Unies relative aux droits des personnes handicapées.*

Nous appliquerons le dispositif constitutionnel relatif au principe d'égalité des sexes, ainsi que les clauses de la Charte des droits et des libertés. Nous rendrons effective l'égalité de tous les Congolais, selon le mérite et la compétence, dans la gestion de la chose publique et dans la représentativité politique. *Nous rendrons donc possible l'égalité de tous nos compatriotes devant la Loi.* Bien entendu, nous veillerons à ce que le recrutement et l'avancement dans la fonction publique se fassent sur la base de la dépolitisation. En qualité d'autorité suprême de l'État, notre gouvernement mettra définitivement un terme à l'édification d'un environnement public fondé sur les privilèges indus, les passe-droits et les prébendes.

5.2 - Les droits judiciaires, civiques et politiques

L'ABACO condamne avec fermeté les atrocités commises dans notre territoire à l'encontre des civils, des femmes et des enfants. Pourtant, nous saisirons le Parlement d'une demande *d'abolition de la peine de mort* pour tous les crimes et demanderons au législateur d'inscrire dans les textes pénaux *la condamnation à perpétuité à l'encontre des criminels.*

Après tant d'atrocités et d'humiliations, *un Tribunal permanent des droits fondamentaux de la personne* intégrera les cours et tribunaux de la République, l'objectif étant de juger les manquements commis par l'État et l'administration publique dans l'exercice de leurs fonctions, ainsi que les crimes de guerre et les crimes contre l'Humanité. *Une commission « vérité et réconciliation »* ne pourra qu'apaiser les tensions et permettre de repartir sur de nouvelles bases.

Nous interdirons la torture, les arrestations arbitraires, les peines et les traitements inhumains ou dégradants. Nous prendrons des mesures contre les mauvais traitements susceptibles d'être infligés aux détenus, et les mauvaises conditions de vie, ou de détention, dans les établissements pénitentiaires.

Dans le souci de consolider la cohésion nationale, *nous accorderons le droit de vote et d'éligibilité à nos compatriotes de l'étranger aux élections présidentiel, sénatoriales et législatives.* De ce fait, nous créerons des circonscriptions relatives aux élections sénatoriales et législatives pour les Congolais de la diaspora. Cela nécessitera la révision de quelques dispositifs de la loi électorale.

Au regard du droit coutumier congolais et des dispositions du droit international, nous reconnaîtrons donc à nos compatriotes de la diaspora tous leurs droits civils et politiques conformément aux dispositifs légaux.

5.3 - Les droits humanitaires et associatifs

L'ABACO mettra sur pied un département d'État au

développement et à l'action humanitaire en vue de définir la politique dont le pays aura besoin. Cette politique sera appliquée et coordonnée par l'Agence congolaise pour le développement et l'action humanitaire (ACDAH). Toutes les lois de la République, en la matière, tiendront compte des dispositifs des Conventions de Genève et des Conventions de La Haye.

Avec le gouvernement de l'ABACO, le droit des associations ne consistera pas qu'à réglementer le fonctionnement des structures associatives. Il sera aussi envisagé comme *droit associatif,* c'est-à-dire la possibilité à une entité de s'organiser, dans le respect des lois de la République, en fonction des idées qu'elle défend. Pour renforcer l'esprit patriotique et le sens de responsabilité civique à travers le pays, la liberté associative sera encouragée afin que les associations puissent atteindre leur mission immédiate et parvenir à l'objectif d'utilité publique.

5.4 - Les droits syndicaux

Dès notre arrivée au pouvoir, les syndicats nationaux deviendront *des partenaires de l'État dans le cadre du dialogue social.* Une loi permettra aux syndicats de gérer les fonds de pension de leurs adhérents en collaboration avec les banques, les caisses d'épargne et les assurances ou les mutuelles.

Nous favoriserons donc la présence syndicale dans toute entreprise, publique ou privée, à partir d'un nombre de salariés à définir. Nous sanctionnerons les entreprises, publiques ou privées, qui ne rémunéreront pas leur personnel. Nous permettrons la participation, en cas de licenciements, des représentants des salariés dans les instances dirigeantes de l'entreprise avec voix délibératives. Ainsi proposerons-nous *un plan social, un reclassement et une formation obligatoire*, quels que soient le nombre de licenciés et l'effectif salarié de l'entreprise. Enfin, nous allouerons un budget aux syndicats dans le cadre de la formation syndicale.

Notre gouvernement mettra un terme à la discrimination à l'encontre de certains fonctionnaires, classés au bas de l'échelle sociale de l'administration, qui sont considérés d'office comme une sous-catégorie. Ainsi permettrons-nous au personnel des entités décentralisées (villes, territoires et secteurs) de se syndiquer et de bénéficier du droit de négocier, ou de créer un syndicat. Notre tâche consistera donc, entre autres, à permettre les négociations entre les entreprises et les syndicats, s'agissant des conventions collectives – *l'objectif étant de privilégier le dialogue social, de faire cesser les intimidations, de faire respecter les accords signés et d'éviter les arrestations arbitraires des grévistes ainsi que le licenciement abusif des syndicalistes.*

5.5 - L'affirmation de la liberté

La démocratie, qui sera pratiquée par l'ABACO, reposera sur *l'affirmation de la liberté en tant que principe directeur de la société et de la justice comme socle des rapports entre l'État et les citoyens.* Ainsi renforcerons-nous le caractère participatif de la démocratie locale dans le dessein de consolider l'appartenance à la communauté nationale et de garantir l'harmonie sociale, ainsi que la paix publique.

Les droits humains fondamentaux, ainsi que les libertés publiques et démocratiques, énoncés par la Constitution congolaise et les traités internationaux dument signés par notre pays seront respectés pour sauvegarder la dignité de la personne. De nouvelles dispositions seront adoptées afin de combattre l'esclavage moderne, la traite humaine et l'exploitation sexuelle des plus faibles ou plus vulnérables. Un dispositif pénal répressif sera adopté dès la première année de la mandature 2016-2021, dans le but de punir les auteurs des violences sexuelles dont sont victimes les femmes et les enfants.

5.6 - La nationalité congolaise

Une réforme de la nationalité congolaise s'impose en raison du poids inestimable et de l'implication directe des émigrés congolais dans notre vie quotidienne. Pour cette raison, nous ouvrirons un vrai débat républicain sur la clarification, donc la reconnaissance, par le Parlement national de la double nationalité aux Congolais d'origine. Ainsi demanderons-nous au législateur d'amender, en bonne et due forme, les textes légaux en la matière. *Il faudra matérialiser le caractère inaliénable de la nationalité congolaise d'origine*, dans le respect de l'alinéa 3 de l'article 10 de la Constitution du 18 février 2006 et de l'article 4 de la loi n° 04/024 du 12 novembre 2004 relative à la nationalité congolaise.

Nous procéderons aussi à un recensement sérieux des populations pour définir qui est Congolais.

Nous prendrons des mesures en matière de naturalisation. En effet, nous encouragerons une immigration sélective fondée sur les compétences techniques et intellectuelles, ainsi que sur la capacité financière des candidats à l'immigration, lesquels pourraient prétendre à la nationalité congolaise dans les cinq ans après leur installation officielle au pays.

5.7 - Le confort matériel et moral, ainsi que le bien-être

Notre gouvernement améliorera la qualité de l'eau et facilitera son accès à toutes les populations. Il fixera un prix unique de l'eau sur l'ensemble du territoire, la facturera en fonction de la quantité réelle consommée et remplacera le réseau vétuste. Enfin, il améliorera le système d'assainissement des eaux usées.

Pour ce qui est de l'électricité, elle sera vulgarisée sur l'ensemble du territoire. Son prix sera démocratisé, pour rendre facile son accessibilité, et ses installations modernisées.

Pour faciliter l'accès à un environnement social commode, vivable et propice à l'épanouissement des familles ou des ménages à un environnement sain, nous encouragerons la construction des immeubles d'habitation destinés au logement social, lequel respectera les normes de l'habitat moderne. Nous établirons ensuite *un plan quinquennal, afin de résorber l'habitat insalubre, et un programme de construction de logements sociaux et intermédiaires*. Nous agirons pour que l'achat et la construction des maisons et appartements, par des particuliers, soient financés par les banques et les caisses d'épargne.

Dans l'optique de mieux combattre l'anarchie urbaine et le sous-développement, *nous réajusterons le code de l'urbanisme*. Enfin, notre gouvernement encouragera l'érection des villes nouvelles qui seront dotées de tous les services vitaux à l'essor d'un environnement urbain.

Jean Bolikango

Antoine Kingotolo

VI - La liberté de conscience, les cultes et les croyances

Les libertés de conscience, de cultes et de croyances relèvent de l'univers privé. Ainsi la séparation des institutions publiques et des organisations religieuses, ou philosophiques, incarnera-t-elle la norme, quelles que soient les convictions, au regard de l'égalité de tous devant la loi et de la bonne gouvernance.

6.1 - La laïcité républicaine

Adepte du recours aux cultures congolaises, et très soucieux du respect des croyances des minorités ethniques, l'ABACO proscrira la personnalisation d'un Dieu par un pasteur vivant et l'interférence directe entre le religieux et la gestion de l'État. Notre pays étant constitutionnellement un État laïque, l'ABACO respectera cette volonté fondamentale, donc constitutionnelle. Sa démarche consistera à faire accepter les valeurs républicaines et ancestrales, avec tout ce qu'elles impliquent *de facto* comme droits et devoirs. Ainsi l'ABACO favorisera-t-elle la mise en place d'un Conseil suprême des affaires spirituelles (CSAS) pour harmoniser les relations entre les différentes croyances – en Dieu et aux âmes, ou aux forces de l'esprit… – ainsi que dans le but de conseiller le gouvernement pour tout ce qui relève de l'immatériel, l'objectif étant *de consolider la laïcité républicaine.*

6.2 - L'exil des âmes et l'évolution des mentalités

Selon l'imaginaire bantou, les morts ne sont pas morts dans la mesure où l'existence humaine se poursuivrait au-delà du monde visible. Par conséquent, l'ABACO mettra fin à l'exil des âmes de nos compatriotes décédés et enterrés à l'étranger. Nous proposerons une loi relative, d'une part, au rapatriement des corps de Congolais déjà morts hors de nos frontières et, d'autre part, au rapatriement des corps de tout compatriote qui décédera à l'étranger.

Force est de constater que le renouveau et la reconstruction de la République Démocratique du Congo découleront surtout de l'évolution des mentalités. Ainsi l'ABACO milite-t-il, avec force et vigueur, contre la corruption et la mauvaise gestion de la chose publique. En effet, *l'urgence consistera à investir sur les Congolais en vue du progrès social, du rayonnement intellectuel et de l'évolution des mentalités.*

6.3 - La mémoire historique

Le devoir moral s'imposera à notre action. Nous restituerons au peuple congolais et à la Nation la mémoire historique. Cela passera surtout par la réhabilitation et la promotion des sites historiques à travers le territoire national, ainsi que par la restauration des musées. Destinée aussi aux visiteurs, *cette mémoire patriotique sera intégrée dans les circuits touristiques*.

Nous plaiderons en faveur d'une recherche plus approfondie de la vérité pour valoriser notre histoire authentique, tout en clarifiant nos origines pour mieux cerner les obstacles qui ne cessent d'hypothéquer l'épanouissement social, économique et politique de notre pays. Nous contribuerons, par patriotisme, à *la réhabilitation de notre Histoire en la réécrivant*.

Simon Kimbangu

Sylvère Luizi Balu, Président de l'ABACO

Gaspard-Hubert B. Lonsi Koko, Premier Vice Président de l'ABACO

VII - La jeunesse, le marketing culturel, le sport et les loisirs

Les aspirations de la jeunesse congolaise doivent avoir pour finalité la reconstruction du lien social et l'affirmation des valeurs purement patriotiques. Ainsi faudra-t-il démocratiser la culture, le sport et l'accès aux loisirs grâce au budget du ministère de la Culture, de la Jeunesse et du Sport qui s'élèvera à 587 millions USD. L'ABACO veillera au développement d'entreprises culturelles, à travers le pays, ainsi qu'à l'organisation des manifestations sportives et artistiques.

7.1 - La jeunesse

Nous œuvrerons en faveur de la morale publique, du civisme, de l'éducation politique et de l'instruction pédagogique. Nous consacrerons donc une grosse part des budgets ministères concernés à la construction d'un pays dynamique et davantage compétitif. Cela ne pourra que garantir à la jeunesse un niveau éducatif élevé et une autonomie personnelle que conforteront la forme physique et l'équilibre mental. La Nation congolaise façonnera des corps sains au moral d'acier.

Nous faciliterons l'embauche des jeunes gens en entreprise et proposerons *un contrat de génération*, lequel contribuera à la transmission des savoir-faire par des salariés expérimentés, à travers un « *tutorat* », et à l'intégration durable de nouveaux travailleurs dans la vie professionnelle. L'ABACO offrira à tous les jeunes l'opportunité de se former dans l'espoir de bénéficier un jour d'un métier stable et prometteur.

Nous viserons donc la création d'une centaine de milliers d'emplois dans le cadre de l'insertion des jeunes dans l'activité professionnelle et de l'action associative, dans les secteurs sportifs et culturels, dans le domaine des loisirs, en priorité dans les communes populaires.

Pour lutter contre la précarité, nous proposerons en faveur de tout jeune déscolarisé âgé de 15 à 18 ans une formation, un apprentissage ou un service civique dans l'armée, qui puisse aboutir à un emploi d'avenir.

7.2 - La culture

L'une de nos tâches consistera à nous assurer des conditions optimales de la progression de l'intellect dans l'espace national. Nous veillerons à son expansion en termes de développement d'entreprises culturelles, ainsi que d'organisation des manifestations sportives et artistiques.

Nous soutiendrons donc l'accès à la culture et à la création artistique. Ainsi travaillerons-nous en partenariat avec les gouvernements provinciaux afin de développer un réseau de bibliothèques et médiathèques, des ateliers artistiques et des musées. Ceux-ci participeront au développement de la lecture et des arts, *en assurant un service culturel et social de proximité* dans les communes et dans les groupements ainsi que les secteurs, pour ce qui est des territoires ruraux.

L'éducation artistique s'insérera dans le programme scolaire. Nous renforcerons la création et la diffusion pour faciliter l'accès à la culture et établirons – entre l'État, les régions et les exécutifs provinciaux – des contrats pour une efficace et meilleure coordination du maillage culturel. Dans cette perspective, l'ABACO encouragera la matérialisation du Protocole à l'Accord pour l'importation d'objets de caractère éducatif, scientifique ou culturel ratifié le 26 novembre 1976 à Nairobi, la finalité étant *la détaxation des livres par rapport aux marchandises consommables*.

7.3 - Le sport

Notre action gouvernementale soutiendra surtout, dans le domaine du sport, *la découverte de nouveaux talents et la formation des athlètes performants sur le plan international*. Ce faisant, nous opterons pour la construction des équipements sportifs au niveau municipal dont l'édification sera financée par l'État, les collectivités publiques et les entreprises privées. Cependant, ces infrastructures seront supervisées et entretenues par un comité de gestion tripartite qui comprendra des représentants de l'État, des collectivités locales et des entreprises privées. En tout cas, nous garantirons aux citoyens congolais la possibilité de pratiquer le sport dans une structure associative.

7.4 - Les loisirs

Avec le concours des villes et des gouvernements provinciaux, nous élèverons des complexes sportifs pour concourir à la santé physique et morale de nos concitoyens. Nous entreprendrons la construction des infrastructures culturelles afin *de promouvoir des loisirs de qualité, de développer l'intelligence et la curiosité des populations*. Nous serons *de facto* des bâtisseurs, dont la vision permettra l'épanouissement physique et moral de nos concitoyens.

7.5 - Les équipements

Dans le cadre de la politique de décentralisation territoriale, l'État signera des contrats de partenariat avec les gouvernements provinciaux et les municipalités pour la dotation des équipements collectifs tels que les parcs urbains, les terrains de jeux ou les espaces de loisir.

Nous développerons un bon nombre d'équipements générateurs de revenus tels que des stations balnéaires dans lesquelles divers services seront proposés aux abonnés des groupes sélects, ou aux membres de la haute société. Nous mettrons aussi à contribution les entreprises privées pour que leurs personnels puissent y avoir accès.

7.6 - Le tourisme et l'hôtellerie

Le tourisme et l'hôtellerie seront liés au développement des stations balnéaires dans l'ensemble du territoire. Faisant l'objet d'une attention particulière de notre part, ils seront reliés à l'industrie récréo-touristique. De plus, il y va de *l'expansion et de la performance de l'économie nationale.* Avec la collaboration des municipalités et des exécutifs provinciaux, nous développerons un réseau d'auberges à bon marché pour héberger la clientèle modeste.

Notre gouvernement valorisera la culture, relancera le tourisme et mettra en place un programme ambitieux relatif à la biodiversité ainsi qu'aux énergies renouvelables. Nous contribuerons, dans la perspective de la politique de sauvegarde du bassin du Congo, à *la création dans notre pays d'une grande technopole en matière d'environnement.*

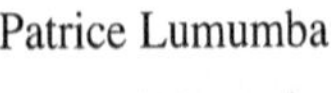

| Joseph Okito | Patrice Lumumba | Maurice M'Polo |

Yvon Mabanda, ancien Premier Vice Président de l'ABACO

Emmanuel Bamba

VIII - La nouvelle société

La nouvelle société congolaise doit matérialiser l'équilibre des droits et des devoirs. Elle doit être une société d'espérance, de solidarité, de progrès pour tous et d'égalité des chances. Elle doit savoir adapter la protection et la justice sociales sur la base de ressources réelles. À cet effet, la croissance économique doit permettre la réorganisation du travail. L'objectif consiste à réduire le chômage, à lutter contre la corruption et à mieux promouvoir la cohésion sociale, celle-ci devant être garantie par d'autres dispositifs de redistribution des richesses. *Cela implique une nouvelle conception de l'État dans le cadre de la IVe République.*

8.1 - La relance économique, la politique monétaire et budgétaire

Concernant l'étude du marché, nous mettrons en place *un organisme de statistiques nationales et d'études économiques, sociales et démographiques* qui aidera le gouvernement dans l'élaboration des modèles, ou des prototypes. Cela permettra de mieux appréhender l'évolution sociale et le mécanisme de l'économie. Grâce à l'étude du marché, notre gouvernement créera le panier ménager, à savoir le portrait-robot des ménages congolais.

S'agissant des organismes de crédits, *nous boosterons le portefeuille de nos compatriotes*. L'accroissement du crédit accordé aux unités de production et de consommation relancera le pouvoir d'achat et l'augmentation de la demande effective – indispensables à la hausse de la production.

Notre action favorisera la croissance économique, ainsi que les hausses des profits des entreprises et des salaires des employés, tout en baissant le chômage. L'amélioration des revenus aura des répercussions positives sur les recettes de l'État, lesquelles permettront, à l'aide de l'impôt, la construction des infrastructures dont le pays aura besoin. Elle suscitera le développement économique et le bien-être de la population.

Des organismes appropriés seront créés à l'attention des unités de production et de consommation, afin de favoriser davantage le crédit à la consommation des ménages. Nous soutiendrons donc la demande effective, grâce à l'intervention de l'État par le truchement d'innovantes politiques budgétaire et monétaire.

8.2 - Compte bancaire, salaire et fiscalité

Forts des trois fonctions ayant été convenues d'attribuer à la monnaie, depuis Aristote, nous prendrons des mesures appropriées concernant la rémunération des salariés. En effet, nous agirons pour que toute personne qui occupe un emploi, aussi bien dans le secteur privé que dans la fonction publique, dispose d'un compte bancaire par le biais duquel le virement mensuel de la rémunération s'effectuera.

D'une part, nous faciliterons la circulation de la monnaie, car toutes les transactions se feront de manière automatique. D'autre part, nous permettrons à l'employeur et à l'employé de s'acquitter des cotisations sociales et fiscales. Enfin, la paie des fonctionnaires provinciaux et agents de l'État sera régulièrement versée. Ainsi combattrons-nous les impayés, ou les arriérés de salaire de plusieurs mois. Mieux, *notre gouvernement révisera le salaire minimum sur la base de l'accord de Mbudi et du coût de la vie.*

8.3 - La libre-circulation et la libre-concurrence

Il est évident que nous faciliterons, dans le territoire national, la libre-circulation des biens et des capitaux. Nous favoriserons la libre-concurrence, ou la concurrence pure et parfaite, entre les entreprises. Enfin, sauf pour les produits de première nécessité (eau, électricité…), nous neutraliserons toute tentative de monopole sur le marché interne.

N'étant nullement hostiles à la libre-concurrence entre les entreprises, nous veillerons néanmoins à ce que cela se fasse dans *le respect des règles que définira l'État.* Nous n'avons guère l'intention de neutraliser toute tentative de monopole interne des produits de grande consommation sur le marché, car la concurrence permettra la stabilité des prix et laissera ainsi aux consommateurs le choix entre plusieurs possibilités. *Notre gouvernement sera en effet un arbitre, avec tout ce que cela comporte en matière de sanctions.*

Sur le plan régional, nous conclurons avec les pays voisins des accords de libre-échange pour permettre aux entreprises congolaises d'écouler le surplus qui n'aura pas été consommé sur le marché interne ou domestique. Cependant, nous prendrons toutes les précautions préalables pour protéger les entreprises congolaises naissantes. De plus, c'est le devoir de l'État de les soutenir en les rendant prêtes à la concurrence.

8.4 - La participation citoyenne

La démocratie participative implique des décisions prises aux différents niveaux d'organisation du pays et au sein des institutions concernées. Pour réaliser certains projets d'envergure engageant l'avenir de notre collectivité publique et nécessitant, par voie de conséquence, l'expropriation des citoyens, des consultations publiques seront nécessaires dans le but de trouver un consensus tendant à préserver la paix sociale et nationale, ainsi que la sécurité. Pour cela, nous mettrons tout en œuvre pour instaurer une justice équitable garante de l'égalité de tous les Congolais et de la cohésion nationale, celle-ci étant susceptible d'inciter nos compatriotes à aimer la patrie, à la défendre en cas d'agression et à en être de dignes ambassadeurs lors de leur séjour hors des frontières nationales.

IX - La réforme de l'État

Le rôle premier de notre gouvernement consistera à redonner à l'État sa véritable place, afin de servir les administrés au nom de la justice sociale et de la cohésion nationale. De plus, l'outil informatique renforcera son action, son efficacité et sa productivité sur le plan financier. Pour atteindre ces différents objectifs, notre gouvernement :

– accordera à la Cour des Comptes les pouvoirs nécessaires en vue du contrôle, par l'État, de la gestion de la chose publique ;

– repensera le problème d'ordre social au sein de l'administration et améliorera les conditions techniques, ainsi que professionnelles, devant obligatoirement concourir à son bon fonctionnement ;

– instaurera des contrôles internes efficaces et indépendants de l'influence du pouvoir politique, au niveau de l'administration de l'État ;

– chargera l'administration de réaliser une mission de service public afin d'atteindre les objectifs budgétaires et socio-économiques et de procéder au contrôle interne, ou audit interne, de manière systématique ;

– garantira la régularité et l'efficacité du service public, le respect des règlements et des procédures et va promouvoir des actions correctives – permettant ainsi aux contrôles externes (Parlement, Cour des Comptes) de s'appuyer sur l'audit interne.

Dans un élan de réforme de l'administration et aux fins d'étouffer le laxisme, ainsi que la corruption, notre gouvernement *déterminera le rôle de tout fonctionnaire et le temps dont il disposera pour s'acquitter de sa tâche* dont la répartition, ou la séparation, sera claire et précise en vue d'asseoir des mécanismes d'auto-contrôle visant à responsabiliser chacun. Cela aura pour effet d'éviter la pléthore des effectifs, le chômage déguisé et le gaspillage des fonds rémunérant les agents fictifs. La comptabilité publique et l'informatique seront un outil de gestion à cette fin pour un meilleur suivi. La prime des fonctions récompensera leur motivation.

9.1 - La décentralisation politique et administrative

Pour mieux servir l'État et ses sujets que sont les citoyens, *la fonction publique sera revalorisée en termes de logistique, d'environnement de travail et de traitement salarial* : d'où la nécessité de la formation continue des fonctionnaires, ainsi que de l'inspection en vue de la surveillance et de l'évaluation des besoins. Nous réformerons donc le statut des fonctionnaires pour *garantir leurs droits et consolider le fondement des missions publiques, constitué par la continuité du service public, la neutralité du fonctionnaire et l'égalité de traitement des citoyens.*

Nous plébisciterons la bonne gouvernance, en luttant efficacement contre la corruption. Nous favoriserons donc la formation des fonctionnaires, et transformerons les structures existantes en une Haute École de Formation des Fonctionnaires (HEFF). Nous mettrons aussi en place des structures de contrôle et d'inspection à tous les niveaux. En outre, nous investirons dans l'informatisation des données.

Nous serons très pointilleux s'agissant de la transparence comptable, de la discipline fiscale et budgétaire, de la reddition des comptes assortie de sanctions pour tout mandataire public. Enfin, *nous veillerons au rétablissement de l'équilibre des contrepoids politiques dans le jeu démocratique*.

Notre gouvernement se penchera donc sur la question de la décentralisation, clé de l'efficacité de l'appareil administratif qui matérialisera la présence de l'État sur toute l'étendue du territoire national. Nous procurerons au citoyen protection et services publics adéquats. À cet effet, nous harmoniserons les rapports entre le gouvernement central et les exécutifs des provinces, et ceux des régions, en veillant à ce que chaque province, de même que chaque région, dispose d'une ressource principale compatible avec la nature de ses compétences. *Nous agirons pour limiter les écarts de richesse entre les différents territoires par une péréquation forte.*

Nous interviendrons afin que les établissements publics spécifiques qui seront créés par la loi, dans le cadre de la décentralisation politique et administrative, participent enfin *au renforcement de la capacité de l'État à offrir ses services aux citoyens.* Comme ceux-ci seront dotés d'une personnalité morale propre, nous allons revoir et corriger leurs attributions politiques, administratives et fiscales par le biais de la représentation nationale en vue d'atteindre des objectifs de développement économique et de progrès social dans le cadre d'un partenariat avec l'État. Cet aspect technique nécessitera une révision de la Constitution.

Notre gouvernement s'inspirera des modèles qui ont fait leurs preuves dans d'autres pays, la finalité étant une meilleure articulation entre les collectivités administratives. Nous agirons sur leur fonctionnement et apporterons certaines modifications quant à leurs compétences. Nous procéderons également à un découpage harmonieux et aurons recours à *un haut fonctionnaire* pour mieux articuler la politique gouvernementale dans des entités décentralisées.

9.2 - Les secteurs, les communes et les territoires

Les secteurs garderont leur fonctionnement actuel. Leurs compétences et les processus électoraux seront les mêmes que ceux des communes. Quant aux communes, elles exerceront, sous la direction des conseils communaux, d'une part des compétences traditionnelles : fonctions d'état civil et électorales, action sociale (gestion des garderies, crèches, foyers de personnes âgées…), enseignement (écoles primaires), voirie communale, logement social, assainissement, protection de l'ordre public (pouvoirs de police du bourgmestre), etc. D'autre part, des compétences décentralisées, notamment l'urbanisme (plans locaux d'urbanisme) et l'action sociale (centres communaux d'action sociale). Les bourgmestres seront désignés par les conseillers communaux, ces derniers étant élus à l'issue d'une élection proportionnelle sur liste.

Les territoires seront des circonscriptions électorales qui serviront au scrutin des conseillers territoriaux en milieu rural, ou des conseillers communaux en milieu urbain. Ils seront des subdivisions des secteurs, ou des communes, dont les plus peuplés appartiendront à plusieurs secteurs ou communes.

9.3 - Les districts, les provinces et les régions

Les districts, lesquels seront dirigés par des conseils de districts, exerceront des responsabilités dans quatre domaines principaux : l'action sociale et sanitaire (aide sociale à l'enfance, aide aux personnes handicapées, aide aux personnes âgées, insertion sociale et professionnelle, aide au logement, etc.) ; l'aménagement de l'espace et de l'équipement ; l'éducation (écoles secondaires), la culture et le patrimoine ; les actions économiques. Leur direction sera assurée par un Président élu par les conseillers de districts.

Les provinces, sous la direction des assemblées provinciales, interviendront dans quatre domaines d'action : le développement économique (schéma provincial de développement économique) ; l'aménagement du territoire (schéma provincial d'aménagement et de développement du territoire, contrats de projets entre l'État et les provinces, schéma provincial de transport, etc.) ; l'éducation (universités et instituts supérieurs), la formation professionnelle et la culture ; la santé. Leur direction sera assurée par un Président désigné par les conseillers provinciaux, eux-mêmes élus à l'issue d'une élection proportionnelle sur liste.

Les régions seront des divisions administratives des territoires, des collectivités décentralisées dotées de la personnalité juridique et d'une liberté d'administration, des circonscriptions électorales et des circonscriptions administratives des services déconcentrés de l'État. Les Présidents des conseils régionaux constitueront les exécutifs des collectivités. Le champ d'intervention des régions sera large de par la clause générale de compétence, allant de la gestion des écoles secondaires et des transports au développement économique, ainsi qu'à la fiscalité.

9.4 - La loi KML

Notre gouvernement fera adopter une loi KML relative à l'organisation administrative des villes de Kinshasa, Mbuji-Mayi et Lubumbashi. Cette loi fixera un statut administratif particulier qui sera applicable à ces trois villes les plus peuplées du pays. Les communes qui composent ces villes, dirigées par des bourgmestres, ne seront plus de plein exercice et ne lèveront plus d'impôts. En revanche, elles se répartiront les crédits qui leur seront alloués par la commune centrale. En conséquence, les villes de Kinshasa, Mbuji-Mayi et Lubumbashi seront gérées par des organes communs : c'est-à-dire par les Présidents du Conseil et les conseillers de la Ville.

La loi KML établira que la ville de Kinshasa, en tant que capitale, sera à la fois un territoire et un district. Les élus, qui siégeront au Conseil de la Ville, seront en même temps des conseillers de la Ville et des conseillers de district. Les compétences du Président du Conseil seront limitées, du fait du statut particulier dont bénéficie Kinshasa, par les pouvoirs spécifiques dont disposera *le haut-commissaire de police* qui sera nommé par le ministre de l'Intérieur.

9.5 - Les commissaires du gouvernement et le nouveau paysage politique

Notre gouvernement introduira *les commissaires du gouvernement* dans le nouveau paysage administratif. Ces hauts fonctionnaires seront nommés par décret du président de la République, pris en Conseil des ministres, sur proposition du Premier Ministre et du ministre de l'Intérieur. Les commissaires du gouvernement seront donc les représentants de l'État dans les provinces. Ils incarneront les rouages indispensables de la future administration et seront assistés, dans leur tâche, par des administrateurs du territoire.

Les 26 provinces de notre pays seront donc regroupées en 7 grandes régions. Le Kongo central, et Kinshasa, ainsi qu'une partie du Bandundu, formeront ainsi une seule région, celle du Bas-Kongo central. Le Nord-Kivu, le Sud-Kivu et le Maniema deviendront désormais la région du Kivu, tout comme les deux Kasaï qui fusionneront… La configuration finale sera celle-ci : Kongo central, Bandundu, Équateur, Haut-Congo, Kasaï, Kivu et Katanga.

9.6 - La justice

Notre gouvernement restaurera en profondeur l'appareil judiciaire en combattant l'impunité et l'ignorance, en établissant des bases fondamentales en vue *du rétablissement de l'ordre et d'une justice équitable*. Il assurera la présence des services judiciaires dans tout le territoire national, pour que les populations puissent bénéficier des juridictions compétentes en cas de conflits.

Nous rendrons les prestations judiciaires accessibles aux justiciables pour permettre l'égal accès à la justice. Nous appliquerons *le principe de séparation des pouvoirs* pour libérer le corps judiciaire de l'emprise de l'Exécutif et introduirons au Parlement, à cet effet, des lois organiques. *Nous dépolitiserons le Conseil Supérieur de la Magistrature et la Cour constitutionnelle.*

Le gouvernement, de l'ABACO et de ses alliés, fera une sorte d'*aggiornamento de notre système judiciaire* afin que ceux qui disent le droit puissent satisfaire les attentes des justiciables. Nous revaloriserons donc les conditions de vie et de travail de ceux qui ont pour mission de trancher les litiges. Par conséquent, nous établirons une vraie campagne d'information en direction des populations en vue de les sensibiliser sur leurs droits.

Nous respecterons le droit international pour mettre un terme aux exactions commises dans l'Est la République Démocratique du Congo, rendrons caduque la loi d'amnistie pour faits de guerre et insurrectionnels afin de permettre, d'une part, aux tribunaux locaux de juger les auteurs de crimes de guerre et crimes contre l'Humanité ; d'autre part, afin de garantir l'indemnisation des victimes.

Nous encouragerons la justice transitionnelle susceptible de s'atteler aux problèmes des crimes commis pendant et après la guerre, en amont de toutes modalités pour la réconciliation intercommunautaire ; nous initierons aussi les réformes favorables à la mise en place d'*un organe d'audit indépendant* qui aura en charge l'enregistrement des plaintes pour violation des droits humains, dans le cadre de *l'élaboration des plans d'action globaux pour la paix dans l'Est*, en collaboration étroite avec la Mission onusienne (Monusco).

Notre gouvernement ne s'opposera pas du tout à l'instauration d'*un Tribunal Pénal pour la République Démocratique du Congo*. Il collaborera avec la Cour Pénale Internationale (CPI), si cette institution le demande, pour les cas qui relèvent de sa compétence. Il saisira, s'il le faut, la Cour Internationale de Justice (CIJ), s'agissant des États impliqués dans la tentative de déstabilisation de notre pays.

9.7 - La Constitution

Nous approfondirons la démocratie politique, consoliderons les prérogatives étatiques dans certains domaines. Nous instaurerons *la IVᵉ République pour une réforme profonde, car il est plus que jamais indispensable de conforter les acteurs sociaux, de permettre aux citoyens d'être écoutés et actifs, et de doter les élus du peuple d'un véritable statut.* La Constitution étant la loi fondamentale, nous proposerons une réelle séparation des pouvoirs et un véritable pouvoir judiciaire dont les plus hauts magistrats seront nommés par un Haut Conseil des Professions Judiciaires (HCPJ) avec des « auditions » devant des commissions spécialisées du Parlement pour vérifier les qualifications aux fonctions.

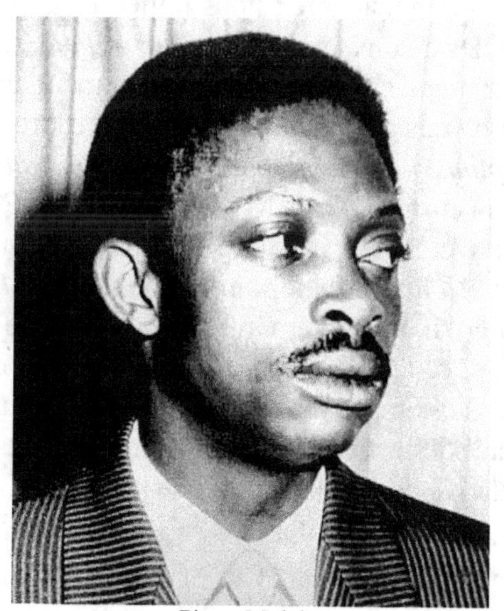

Pierre Mulele

X - La souveraineté politique, l'intégrité territoriale et la paix régionale

Une armée républicaine et performante est une exigence fondamentale pour la protection de la souveraineté étatique et de l'indépendance politique. Par conséquent, garantir la stabilité de la République Démocratique du Congo est la condition *sine qua non* à la paix et à tout développement économique pérenne en Afrique centrale et dans la région des Grands lacs.

10.1 - L'intégrité territoriale et l'unité nationale

L'intégrité territoriale étant un principe de droit international, *l'ABACO usera du droit et du devoir inaliénables de l'État congolais à préserver, en toute souveraineté, ses frontières de toute influence extérieure* : d'où la nécessité d'entretenir une armée défensive et de considérer la violation de nos frontières comme un *casus belli*.

Nous ferons en sorte que l'armée nationale congolaise devienne, par sa formation et sa composition, par sa logistique et sa capacité de réaction, un outil sécuritaire capable d'assumer les immenses défis de notre temps en matière de défense, de paix intérieure, de sécurité régionale et internationale, ainsi que sur le plan de la lutte contre le terrorisme et l'espionnage.

Avec notre gouvernement, il sera créé *un Haut conseil de l'unité du pays, de la concorde politique et de la réconciliation nationale* dans le but de réunifier les populations congolaises. Sa composition et ses attributions seront définies par une loi organique. Les membres de cette institution seront nommés par acte du président de la République, contresigné par les présidents du Sénat et de l'Assemblée nationale. Fixés au nombre de 9, leur mandat, lequel sera incompatible avec tout autre mandat politique et social, sera de 10 ans non renouvelable.

10.2 - Une armée, une gendarmerie et une police citoyennes

Il est évident que la situation géographique de notre pays nécessite une armée républicaine, laquelle doit être défensive et performante. Par conséquent, le service militaire deviendra obligatoire pour les jeunes Congolais de sexe masculin, et possible pour les jeunes Congolaises mais à leur demande, âgés de 18 à 30 ans – sauf ceux qui assument une charge parentale. Afin de rendre l'armée nationale congolaise opérationnelle, l'ABACO *allouera au moins 10 % de 1,603 milliard USD du budget du ministère de la Défense à l'équipement de nouvelles unités militaires relatives aux forces terrestre, aérienne, fluviale et lacustre.* L'ABACO agira dans le sens d'une réorganisation des FARDC, pour assurer de manière efficace et permanente la défense du territoire national. Il en sera de même pour la restructuration de la police et de la gendarmerie afin de *sécuriser la circulation des biens et des personnes*.

L'ABACO ne transigera jamais s'agissant de l'intégrité territoriale, du progrès social, de la cohésion nationale, de la pacification des frontières et de la souveraineté politique. À cet effet, nous nous opposerons à l'existence d'une armée congolaise, d'une police, d'une gendarmerie et d'une administration « ethniques ou tribales ». Nous intégrerons dans ces institutions étatiques les éléments de la « garde prétorienne », des anciens militaires des Forces Armées Zaïroises (FAZ) et ceux qui avaient fait partie des forces armées mises en place par l'Alliance des Forces Démocratiques pour la Libération du Congo (AFDL), mais aussi les anciens gendarmes katangais basés en Angola ainsi que la nouvelle génération desdits gendarmes katangais. Nous ferons aussi appel aux Congolais de la diaspora formés par des armées des pays occidentaux, comme instructeurs ou encadreurs.

10.2.1 - La défense nationale, la sécurité et la protection civile

Le ministère de la défense, de la sécurité et de la protection civile bénéficiera de la part la plus importante, soit 12,75 % des 13,12 milliards USD du budget pour l'exercice 2017. Cette somme sera affectée avant tout :
– à la réforme de la nomenclature des FARDC, de la gendarmerie et de la police nationales pour les rendre plus efficaces sur les plans opérationnels ;

– aux critères relatifs à l'avancement des carrières ;
– aux équipements adaptés aux différents types de missions ;
– à l'autonomisation des unités, tout en garantissant l'interconnexion entre elles ;
– au renforcement du soutien logistique, avec un rapport d'un logisticien pour dix combattants, soit un régiment de soutien pour dix régiments de combattants ;
– à l'assurance des pensions d'invalidité et aux retraites des anciens combattants ;
– au maintien des avantages sociaux, en plus de la solde régulière, au profit des proches de militaires en activité (femmes et enfants sous leur charge).

10.2.2 - Les principes de la défense nationale

L'ABACO a toujours conçu la défense nationale comme un devoir patriotique consistant à sécuriser et à assurer l'intégrité du territoire, à protéger les centres et les installations d'intérêts vitaux contre les agressions armées. Ainsi est-il question de lutter, le cas échéant, contre toutes menaces pouvant compromettre la sécurité nationale.

Partie intégrante de la fonction politique d'État, la sauvegarde de la souveraineté et de l'intégrité du territoire se rapporte à la défense militaire avec tout ce que cela comporte en matière de services concernant la protection des populations, des biens publics et privés, et des ressources vitales du pays. Avec l'ABACO, cette perception englobera les dispositifs qui composent le système de sécurité nationale :
- un système global incluant la Nation et les domaines éta-

tiques dans sa version la plus large possible ;
- un système républicain et indépendant soumis à un État
doté d'un gouvernement responsable ne dépendant d'aucun
État tiers ;
- un système permanent et organisé en temps de paix, ainsi
que déconcentré et soumis à un commandement unique sur
l'ensemble du territoire.

10.2.3 - Le déploiement du dispositif sur le territoire national

Le territoire national sera divisé en 7 zones de défense
opérationnelle et de sécurité qui correspondront aux 7 circonscriptions administratives d'aménagement du territoire :
– le Nord-Ouest disposera de 5 régions militaires ;
– le Nord-Est comprendra 4 régions militaires ;
– l'Est contiendra 3 régions militaires ;
– le centre comportera 3 régions militaires ;
– le Sud-Est sera doté de 6 régions militaires ;
– le Sud-Ouest aura 8 régions militaires ;
– la ville de Kinshasa sera une région militaire spéciale.

Les 7 zones de défense opérationnelle et de sécurité
seront divisées en 30 secteurs de défense opérationnelle et
de sécurité. Avec ce nouveau quadrillage du territoire, les
FARDC compteront au final 167 bataillons, 576 compagnies et 1 728 sections.

Le gouvernement de l'ABACO permettra la structuration
des FARDC, les équipera afin de les rendre dissuasives.

Nous œuvrerons pour qu'elles deviennent aussi *une armée de projection*, notamment dans le cadre des missions extérieures dans la sous-région et, au-delà, si l'Union Africaine et les Nations Unies le demandent. D'ailleurs, nous entreprendrons les démarches appropriées en vue d'un partenariat avec l'Organisation de l'Atlantique Nord (OTAN).

À court terme, nous élèverons l'effectif de l'armée nationale congolaise à 165 000 hommes, dont 100 000 militaires professionnels et 65 000 réservistes qui seront immédiatement opérationnels en cas de besoin en renfort. Sur les 100 000 militaires de métier, 50 000 seront affectés aux frontières orientales et occidentales, 25 000 aux frontières du Sud allant de la province du Kongo central, à la région englobant l'ancien Katanga. Les 20 000 autres seront déployés à l'intérieur du pays et 5 000 affectés aux opérations extérieures dans le cadre du maintien de la paix.

Nous élèverons, à long terme, l'effectif des FARDC à 500 000 militaires, dont 430 000 professionnels et 70 000 réservistes. 210 000 professionnels seront déployés à nos frontières : 70 000 du Nord-Est au Sud-Est, 70 000 du Nord-Ouest à la partie Nord du Kongo central et 70 000 de la partie Sud allant du Kongo central au Sud-Est. Pour les 120 000 autres qui seront déployés à l'intérieur du pays, 40 000 seront consacrés aux opérations extérieures, tandis que 40 000 affectés à la gendarmerie et 10 000 à la police militaire. Les 10 000 autres militaires seront mis à la disposition des services de renseignements.

Pour y parvenir, nous paierons tous les mois la solde des militaires. Nous mettrons aussi l'accent sur l'équipement, le commandement, le renseignement et la logistique. Nous définirons et élaborerons, dans *le livre blanc de la défense nationale*, les plans d'actions des FARDC, les doctrines militaires et les différents métiers au sein de l'armée.

Sur le plan national, notre gouvernement et ses alliés réutiliseront et revaloriseront les anciennes bases militaires en *réintroduisant les régions militaires dans le dispositif de la défense nationale et en les rendant autonomes par rapport aux actions régionales*. Entre-temps, nous réintroduirons dans la vie civile toutes les personnes, devenues militaires par concours de circonstances, qui désireront exercer un autre métier. Nous les formerons en vue de leur insertion, ou réinsertion, dans d'autres domaines. En revanche, nous réévaluerons les compétences de l'élite des FARDC, c'est-à-dire les gradés, et reverrons, bien entendu, les modalités d'accession aux grades d'officier.

10.2.4 - La police et la gendarmerie nationales

En parallèle aux missions propres aux militaires, notre gouvernement définira des tâches précises, en matière de sécurité et de surveillance des frontières, relatives à la police et à la gendarmerie nationales. La lutte contre l'insécurité sera menée, non seulement sur le plan répressif, mais avant tout à titre préventif. À cet effet, notre action consistera à :
– harmoniser les services de la police nationale en vue de l'efficacité bénéfique aux populations ;
– garantir la dignité des agents par un salaire régulier et par l'attribution des logements de fonction ;

– créer une brigade policière pour lutter contre la drogue, ainsi que le banditisme, et une brigade des mœurs – les deux services devant être dotés de matériels performants ;
– créer des services de renseignements et de contre-espionnage capables d'agir à tout moment.

Avec notre gouvernement, pour suppléer la police et l'armée dans leur rôle sécuritaire, *la gendarmerie nationale et républicaine sera instituée par une loi organique portant création d'un Corps d'arme de l'État.* En l'absence de la police dans les campagnes et dans les zones urbaines de moins de 50 000 habitants, elle veillera à la sécurité.

Bien que la protection de l'espace aérien soit dévolue à l'armée de l'air, le mandat sécuritaire de la gendarmerie consistera à surveiller les frontières terrestres, lacustres, fluviales et océaniques. Dans les zones frontalières dépourvues d'un poste de douanes et d'immigration, la gendarmerie offrira des services administratifs aux populations.

10.3 - La sécurité publique

La protection des biens et des personnes sera au cœur de l'action publique afin d'endiguer la violence, les actes de barbarie, la criminalité et la délinquance sous toutes leurs formes. Nous allons donc asseoir des Comités de Vigilance et de Sécurité Publique (CVSP) dans chaque commune, ou ville, de la République Démocratique du Congo.

Nous contribuerons à la mise en place d'une gouvernance respectueuse des normes démocratiques et des droits de l'Homme. Nous combattrons aussi l'insécurité en vue d'un environnement propice à la reconstruction et au développement ou, plus en amont, à la prévention des crises et des conflits. Ainsi œuvrerons-nous non seulement pour la constitution de forces de sécurité civiles et militaires efficaces, bien formées et responsables devant les instances civiles, mais surtout en faveur de la mise en place d'institutions qui seront chargées de la gestion et du contrôle démocratique des acteurs pouvant concourir à la sécurité.

10.4 - L'ordre public

L'ordre public relève de la souveraineté dévolue à l'État. Par conséquent, notre gouvernement combattra les milices armées privées et les groupes paramilitaires. Par ailleurs, notre pays cessera d'être un repaire des rébellions armées. Il ne sera plus un havre de paix pour les groupuscules terroristes et les narcotrafiquants. À cet égard, nous durcirons notre législation et nous nous conformerons aux normes internationales.

Nous mettrons un terme à l'accaparement, ou au détournement, des institutions de l'État de leur mission sécuritaire. En effet, celles-ci ne serviront plus à protéger des intérêts privés ou personnels. Nous mettrons donc en place *une Commission de déontologie des organes en charge de l'ordre public*, laquelle contrôlera leurs activités et sanctionnera, le cas échéant, les dérives et abus des Officiers de Police Judiciaire (OPJ).

10.5 - La sécurité globale et l'indépendance dans l'inter-dépendance

Ayant à l'esprit la situation géostratégique et le contexte géopolitique, conscients du fait que notre sécurité dépend en partie de la stabilité de nos voisins, nous attribuerons 508,200 millions USD au ministère des Affaires étrangères et de la Coopération internationale. Nous mènerons à bien et à terme, grâce à *une diplomatie intelligente*, des négociations en vue *d'un Pacte de stabilité des systèmes régionaux communs de sécurité et de défense*, la finalité étant d'asseoir *le principe d'indépendance dans l'interdépendance*. Nous veillerons à l'application des clauses afférentes et les ferons respecter, en cas de violation par un pays contractant.

La réconciliation inter-régionale et inter-africaine doit s'accompagner d'une vision politique crédible. La paix et la sécurité régionales ne pourraient être sauvegardées qu'avec l'approbation et l'implication de différents acteurs régionaux. De plus, aucun État africain ne peut relever seul les défis de sécurité et de stabilité.

Nous œuvrerons pour la création d'*une Organisation régionale pour la consolidation et la préservation de la paix*, laquelle devra regrouper une grande partie, sinon tous, des États d'Afrique centrale, de la région des Grands Lacs et d'Afrique australe. Il faudra tenir compte, néanmoins, des spécificités sur les plans socio-culturelle et politique, économique et environnemental. Ainsi sera-t-il indispensable de raisonner en termes de *sécurité globale*.

Nous conclurons donc avec nos voisins un pacte fondé sur *la stabilité des systèmes régionaux communs de défense et de sécurité*. L'objectif consistera à développer des réseaux pouvant lier les uns aux autres, lesquels seront propices à la formation des structures régionales.

10.6 - La coopération avec la communauté internationale

Après avoir constaté les conséquences des échecs de différentes tentatives de résolution des conflits dans l'Est de notre pays, nous ne pouvons que réaffirmer notre volonté de travailler avec la communauté internationale. Cela nécessitera de présenter, lors des prochaines rencontres, de nouvelles feuilles de route en matière de bonne gouvernance et de réforme du secteur de la sécurité. Cela ne pourra que faciliter notre tâche, lors des séances de travail en vue du règlement des problèmes qui se posent dans la région. Nous agirons dans ce sens.

Évariste Kimba - Emmanuel Bamba - Jérôme Anany - Alexandre Mahamba

Évariste Kimba

Léopold Masiala Kinkela

En guise de conclusion

Le budget étant par excellence l'expression chiffrée de la politique économique et sociale de tout gouvernement, l'ABACO fait le choix de se projeter dans l'avenir. Ainsi s'est-elle attelée aux grands équilibres sociaux, économiques et politiques ayant toujours fait défaut à nos institutions étatiques. En effet, il faut en finir avec un État patrimonial au service de quelques oligarques dont la logique reste la gabegie, la prédation, la mendicité internationale, le pillage des richesses nationales et l'enrichissement personnel.

A - La répartition du budget

Plusieurs milliards de dollars sont sans cesse perdus à cause de la corruption, du détournement des fonds publics et des dépenses supposées que l'on continue d'imputer à la guerre. Par conséquent, un effort constant sera fourni pour que le budget puisse correspondre aux dépenses réelles et croître chaque année au profit du bien-être des populations. Par rapport à la catastrophique situation financière à laquelle est désespérément confronté notre pays, le budget global que propose l'ABACO, pour le début de l'exercice 2017, sera d'à peu près 13,12 milliards USD, soit 11,75 milliards d'euros.

Ministères	%	Budget
Défense, sécurité, protection civile	12,75	1 603 800 000,00 $
Éducation et enseignement supérieur	11,3	1 491 600 000,00 $
Plan, travaux publics, urbanisme, habitat, tourisme	8,96	1 182 720 000,00 $
Transports, équipements, voies de communication	8,45	1 115 400 000,00 $
Santé, emploi, affaires sociales, femme et enfant	8,45	1 115 400 000,00 $
Agriculture, pêche, développement rural, PME/PMI, artisanat	8,15	1 075 800 000,00 $
Justice, droits humains, libertés publiques	7,41	978 120 000,00 $
Économie, finances, industrie, budget, comptes publics, réforme de l'État	7,30	963 600 000,00 $
Intérieur, collectivités locales, décentralisation	7	924 000 000,00 $
Énergie, eau, mines, hydrocarbures	6,97	920 040 000,00 $
Culture, arts vivants, jeunesse, sports, loisirs, vie associative	4,45	587 400 000,00 $
Affaires étrangères, coopération internationale, Congolais de l'étranger	3,85	508 200 000,00 $
Anciens combattants, mémoire collective	2,96	390 720 000,00 $
Divers (SGG[4], SGP[5], RAP[6])	2	264 000 000,00 $
Total	**100**	**13 120 800 000,00 $**

Cette répartition budgétaire tient donc compte de l'affectation des ressources et de la réalisation des objectifs prioritaires à atteindre à tout prix : *à savoir la paix, la cohésion nationale, la croissance économique et le progrès social.*

---

[4] Secrétariat général au gouvernement.
[5] Secrétariat général à la présidence.
[6] Relations avec le parlement.

Dans l'exploitation et dans la commercialisation des minerais, les contrats chinois et les importations des produits alimentaires rapporteront au moins 897 millions USD par an. 1,95 milliard USD proviendra des produits pétroliers et 369,6 millions USD des économies que le Trésor public fera en temps de paix. La maîtrise de différents gaspillages de l'argent du circuit officiel permettra de récupérer au moins 1,16 milliard USD par an sur les 12,50 milliards USD du circuit informel. Le bénéfice annuel s'élèvera à presque 4,40 milliards USD. En injectant ces 4,40 milliards USD aux 13,12 milliards USD du budget général hors dotations spécifiques, *le budget annuel sera en réalité de 17,52 milliards USD à la fin de l'exercice 2017.*

B - Gouverner en prévoyant

Gouverner, c'est prévoir. Les prévisions dont il est question dans cet avant-projet de société ont vocation à démontrer la crédibilité et la faisabilité de la démarche qu'initieront l'ABACO et ses alliés dans l'espoir, comme le disait l'écrivain et historien français Charles Pinot Duclos, « *de faire le plus grand nombre d'heureux* ». « *Si tes projets portent sur un an, plante du riz ; sur vingt ans, plante un arbre ; sur plus d'un siècle, développe les hommes* », dit un proverbe chinois. C'est parce que l'ABACO a la ferme intention de bâtir les fondations durables du Congo-Kinshasa du troisième millénaire qu'elle commence par tailler la pierre angulaire. Les futures générations la dégrossiront, à l'aide des outils que l'on doit mettre dès maintenant à leur disposition.

Par conséquent, il est conseillé à nos compatriotes de lire avec beaucoup d'attention *ces dix orientations majeures pour la République Démocratique du Congo*. Il est surtout de leur devoir de se les approprier, de les enrichir en vue de la réalisation du projet final que l'ABACO proposera et défendra dans la dignité et dans la tolérance, dans une ferveur perspicace et dans un esprit d'engagement volontariste. Projet de société final qui sera diffusé dans tout le pays en vue *de la victoire sur l'immobilisme et du triomphe de la justice, du développement, du progrès ainsi que de la paix.*

C - Notre vision

Notre vision pour la République Démocratique du Congo, c'est celle d'un pays capable de conjuguer le dynamisme économique avec la justice sociale ; c'est celle d'un pays qui fait le choix de la paix, de la croissance et de l'État de droit. C'est en surmontant les défis de la compétitivité et de la solidarité que, ensemble, nous bâtirons le Congo du troisième millénaire. C'est en privilégiant la conception républicaine que nous consoliderons, la main dans la main, la cohésion nationale et ferons triompher la démocratie.

Le défi de la compétitivité d'abord, car il n'y a pas de richesse sans entreprises performantes. Il n'y a pas de décollage économique sans capacité à gagner des parts de marché, ni à réussir dans la mondialisation marchande. Le défi de la solidarité ensuite car chacun, en République Démocratique du Congo, doit avoir une perspective de travail. Ainsi chaque emploi doit-il représenter une garantie contre la précarité, un levier indispensable au bonheur auquel ont droit nos compatriotes.

*
* *

Rapporteur : Gaspard-Hubert B. Lonsi Koko
Membres de la Commission Projet : Henri Balensa Gaspard-Hubert B. Lonsi Koko, Simon Lusungulu, Jeck Mbele, Emmanuel Mutombo Lupetu

Donatien Mahele

Mamadou Ndala

Anicet Kashamura

Acronymes, institutions...

– Accord de Mbudi (ou contrat social de Mbudi, ou encore contrat social de l'innovation) ;
– Accords de partenariat économiques (APE) ;
– Agence de commercialisation des produits agricoles (ACPA) ;
– Agence congolaise pour le développement et l'action humanitaire (ACDAH) ;
– Agence Congo Trésor (ACT) ;
– Agence nationale de coopération, de développement et d'exportation (ANCODE) ;
– Agence nationale de statistiques, d'études économiques et démographiques ;
– Agence nationale de développement économique et social (ANDES) ;
– Agence de normalisation et de qualité (ANQ) ;
– Agence universitaire de la Francophonie (AUF) ;
– Alliance de Base pour l'Action Commune (ABACO) ;
– Alliance des forces démocratiques pour la libération du Congo (AFDL).

– Banque centrale du Congo (BCC) ;

– Bureau d'études ouvrières (BEO).

– Centre communal d'action sociale (CCAS) ;
– Centre hospitalier universitaire (CHU) ;
– Centre de recherche universitaire (CRU) ;
– Centres locaux de recherches (CLR) ;
– Charte des droits et des libertés ;
– Circonscription administrative d'aménagement du territoire ;
– Comité de vigilance et de sécurité publique (CVSP) ;
– Commission de déontologie des organes chargés de l'ordre public ;
– Commission vérité et réconciliation ;
– Compte chèque postal (CCP) ;
– Conseil économique et social (CES) ;
– Conseil régional ;
– Conseil représentatif des Congolais de l'extérieur (CRCE) ;
– Conseil suprême des affaires spirituelles (CSAS) ;
– Conseil supérieur de la magistrature (CSM) ;
– Conventions de Genève ;
– Conventions de La Haye ;
– Convention des Nations Unies aux droits des personnes handicapées ;
– Coopérative d'utilisation de matériels agricoles (CUMA) ;
– Cour des comptes ;
– Cour constitutionnelle ;
– Cour pénale internationale (CPI) ;
– Cour internationale de justice (CIJ).

– Déclaration universelle des droits de l'Homme.

– Fonds d'indemnisation des travailleurs (FIT) ;
– Fonds d'indemnisation des victimes et accidentés (FIVA) ;
– Fonds de développement du Congo (FDC) ;
– Forces armées zaïroises (FAZ) ;
– Forces armées de la République Démocratique du Congo
  (FARDC).

– Haut conseil des professions judiciaires (HCPJ) ;
– Haut conseil de l'unité du pays, de la concorde politique et
  de la réconciliation nationale ;
– Haute école de formation des fonctionnaires (HEFF).

– Institution d'aide et de gestion des petites et moyennes
  entreprises (IAGPME).

– Livre blanc de la défense nationale ;
– Loi KML (Kinshasa, Mbuji-Mayi, Lubumbashi).

– Mission de l'Organisation des Nations Unies pour la
  stabilisation en République Démocratique du Congo
  (MONUSCO).

– Nouveau partenariat pour le développement de l'Afrique
  (Nepad) ;
– Nouvelles technologies de l'information et de la communi-
  cation (NTIC).

– Objectifs du millénaire pour le développement (OMD) ;
– Observatoire des prix et de la consommation (OPC) ;
– Observatoire de politique du handicap (OPH) ;
– Officier de police judiciaire (OPJ) ;
– Organisation de l'Atlantique Nord ;
– Organisation des Nations Unies (ONU) ;
– Organisation internationale de la francophonie (OIF) ;
– Organisation régionale pour la consolidation et de la pré-
servation de la paix ;
– Organisation des statistiques nationales et d'études écono-
miques, sociales et démographiques.

– Pacte de stabilité des systèmes régionaux communs de
sécurité et de défense ;
– Plan d'action pour la paix ;
– Plan local d'urbanisme (PLU) ;
– Pôle de croissance industrielle (PCI) ;
– Politique nationale agricole (PNA) ;
– Programme de construction des logements sociaux et
intermédiaires ;
– Programme d'économie solidaire (PES) ;
– Protocole à l'accord pour l'importation d'objets à caractère
éducatif, scientifique ou culturel ;
– Public policy.

– Région militaire ;
– Schéma provincial d'aménagement et de développement
du territoire.

– Schéma provincial de développement économique ;
– Schéma provincial de transport ;
– Secteur de défense opérationnelle et de sécurité ;
– Société nationale d'assurance (SONAS)
– Société nationale d'assurance automobile (SNAA) ;
– Société nationale des chemins de fer congolais (SNCC).

– Tribunal pénal international (TPI) ;
– Tribunal permanent des droits fondamentaux.

– Union africaine (UA) ;
– Unité d'enseignement et de recherche (UER) ;
– Unité de formation et de recherche (UFR).

– Zone d'activité commerciale et industrielle (ZACI) ;
– Zones d'activités économiques (ZAE) ;
– Zone de défense opérationnelle et de sécurité.

Bibliographie

– *Ma vision pour le Congo-Kinshasa et la région des Grands Lacs* ; Gaspard-Hubert Lonsi Koko, L'Harmattan, Paris 2013 ;
– *Congo-Kinshasa, le degré zéros de la politique* ; Gaspard-Hubert Lonsi Koko, L'Harmattan, Paris 2012 ;
– *La République Démocratique du Congo, un combat pour la survie* ; Gaspard-Hubert Lonsi Koko, L'Harmattan, Paris 2011 ;
– *Socialisme : un combat permanent* – Tome 1 : *Naissance et réalités du socialisme* ; Gaspard-Hubert Lonsi Koko, Les Éditions de l'Égrégore, Paris, 2008 ;
– *L'art de la guerre* ; Sun Tzu, Flammarion, Paris, 2008 ;
– *Mitterrand l'Africain ?* ; Gaspard-Hubert Lonsi Koko, Les Éditions de l'Égrégore, Paris, 2007 ;
– *Un nouvel élan socialiste* ; Gaspard-Hubert Lonsi Koko, L'Harmattan, Paris 2005 ;
– *Les forces de l'esprit* ; François Mitterrand, Fayard, Paris, 1998 ;
– *Le Prince* ; Machiavel, Éditions Bordas, Paris, 1986 ;
– *Réflexion sur la politique extérieure de la France* ; François Mitterrand, Fayard, Paris, 1986 ;

– *Le grand Jaurès* ; Max Gallo, Robert Laffont, Paris, 1984 ;
– *Politique 2 (1977-1981)* ; François Mitterrand, Fayard, Paris, 1981 ;
– *La paille et le grain* ; François Mitterrand, Flammarion, Paris, 1981 ;
– *Ici et maintenant* ; François Mitterrand, Fayard, Paris, 1980 ;
– *L'abeille et l'architecte* ; François Mitterrand, Flammarion, Paris, 1978 ;
– *Politique 1* ; François Mitterrand, Fayard, Paris, 1977 ;
– *Ma part de vérité* ; François Mitterrand, Fayard, Paris, 1969 ;
– *Le coup d'État permanent* ; François Mitterrand, Plon, Paris, 1964 ;
– *Mémoires de guerre* – Le salut 1944-1946 ; Charles de Gaulle, Librairie Plon, Paris, 1959 ;
– *Le fil de l'épée* ; Charles de Gaulle, Éditions Berger-Levrault, Paris, 1944.

Tables des matières

www.ingramcontent.com/pod-product-compliance
Lightning Source LLC
Chambersburg PA
CBHW070546160726
48003CB00005B/1911